BEI GRIN MACHT SICH IHR WISSEN BEZAHLT

- Wir veröffentlichen Ihre Hausarbeit, Bachelor- und Masterarbeit

- Ihr eigenes eBook und Buch - weltweit in allen wichtigen Shops

- Verdienen Sie an jedem Verkauf

Jetzt bei www.GRIN.com hochladen und kostenlos publizieren

Bibliografische Information der Deutschen Nationalbibliothek:

Die Deutsche Bibliothek verzeichnet diese Publikation in der Deutschen Nationalbibliografie; detaillierte bibliografische Daten sind im Internet über http://dnb.d-nb.de/ abrufbar.

Dieses Werk sowie alle darin enthaltenen einzelnen Beiträge und Abbildungen sind urheberrechtlich geschützt. Jede Verwertung, die nicht ausdrücklich vom Urheberrechtsschutz zugelassen ist, bedarf der vorherigen Zustimmung des Verlages. Das gilt insbesondere für Vervielfältigungen, Bearbeitungen, Übersetzungen, Mikroverfilmungen, Auswertungen durch Datenbanken und für die Einspeicherung und Verarbeitung in elektronische Systeme. Alle Rechte, auch die des auszugsweisen Nachdrucks, der fotomechanischen Wiedergabe (einschließlich Mikrokopie) sowie der Auswertung durch Datenbanken oder ähnliche Einrichtungen, vorbehalten.

Impressum:

Copyright © 2016 GRIN Verlag, Open Publishing GmbH
Druck und Bindung: Books on Demand GmbH, Norderstedt Germany
ISBN: 9783668318205

Dieses Buch bei GRIN:

http://www.grin.com/de/e-book/341919/ethnizitaet-als-ordnungsprinzip-die-reproduktion-sozialer-ungleichheit

Ella Lamper

Ethnizität als Ordnungsprinzip. Die (Re)Produktion sozialer Ungleichheit im deutschen Bildungssystem

GRIN Verlag

GRIN - Your knowledge has value

Der GRIN Verlag publiziert seit 1998 wissenschaftliche Arbeiten von Studenten, Hochschullehrern und anderen Akademikern als eBook und gedrucktes Buch. Die Verlagswebsite www.grin.com ist die ideale Plattform zur Veröffentlichung von Hausarbeiten, Abschlussarbeiten, wissenschaftlichen Aufsätzen, Dissertationen und Fachbüchern.

Besuchen Sie uns im Internet:

http://www.grin.com/

http://www.facebook.com/grincom

http://www.twitter.com/grin_com

Ausarbeitung zum Referat

Das Verhältnis von Geschlecht und Ethnizität am Beispiel des Bildungssystems

Datum der Abgabe: 12.07.2016

Inhaltsverzeichnis

1. Einleitung 3

2. Ethnizität 4

   2.1 Begriffsherkunft und Definition 4

   2.2 Ethnizität als Gegenstand empirischer Bildungsforschung 4

3. (Re)Produktion sozialer Ungleichheit durch das deutsche Bildungssystem 6

   3.1 Die Einschulung als Ausgangspunkt für Selektions- und Verteilungsprozesse ... 7

   3.2 Selektions- und Verteilungsprozesse des deutschen Bildungssystems 7

4. Fazit 10

5. Literaturverzeichnis 11

1. Einleitung

Intersektionalität beschreibt mögliche Wechselwirkungen zwischen Dimensionen sozialer Ungleichheit, die aufgrund ihres Zusammenwirkens eine besondere Komplexität und Qualität von Benachteiligungsmustern erzeugen (vgl. Winker/ Degele 2009: 14, Hormel 2011: 216-218). Dabei bezieht sich der Terminus „soziale Ungleichheit" auf eine ungleiche Verteilung von Ressourcen, die sich auf die Einnahme einer sozioökonomischen Stellung in einer Gesellschaft auswirkt und auf der Basis sozial konstruierter Kategorien vollzogen wird (vgl. Hradil 1999: 23-25, Müller 2003: 6).

Im Referat wurden Geschlecht und Ethnizität, in diesem Zusammenhang, zunächst jeweils als eine Dimension sozialer Ungleichheit betrachtet. Zur Veranschaulichung diente der Bezug auf das deutsche Bildungssystem. Abschließend wurden Interferenzmodelle dargestellt um mögliche Wechselwirkungen, zwischen den Kategorien „Geschlecht" und „Ethnizität" aufzuzeigen.

In dieser Ausarbeitung möchte ich mich auf den Inhalt meines Referatsteils beschränken. Dazu beschäftige ich mich mit der Kategorie „Ethnizität". Mein Ziel ist es, am Beispiel des deutschen Bildungssystems, darzustellen, wie Ethnizität als Ordnungsprinzip etabliert werden kann und wie das Bildungssystem zu einer (Re)Produktion sozialer Ungleichheiten beiträgt.

Das Bildungssystem erscheint zur Veranschaulichung als besonders geeignet, weil Bildung, neben Wohlstand, Macht und Prestige, als eine Basisdimension sozialer Ungleichheit, d.h. einer Kategorie, in die Formen von Ungleichheiten eingeordnet werden, verstanden wird (vgl. Hradil 1999: 24). Zusätzlich gilt Bildung, in Form eines hohen Bildungsabschlusses, als eine erstrebenswerte Ressource, da dieser dazu genutzt wird einem jeweiligen Individuum eine soziale Stellung in der Gesellschaft zuzuweisen, die mit Vorzügen, wie z.B. der Möglichkeit des Erwerbs eines vergleichsweise höheren Kapitals, verbunden wird (vgl. Solga 2005: 22-25, Böttcher 2005: 61-63). Damit können Bildungsinstitutionen auf die Re(Produktion) sozialer Ungleichheiten einwirken und zur Herstellung einer vertikalen Ordnungsstruktur der Gesellschaft beitragen (vgl. Solga 2005: 24- 30).

Im Nachfolgenden sollten Bildungseinrichtungen als Organisationen verstanden werden, denn diese bilden in der heutigen Gesellschaft „(…) den legitimen Modus der Produktion sozialer Ungleichheit (…)" (Hormel 2011: 219).

2. Ethnizität

2.1 Begriffsherkunft und Definition

Ethnizität bzw. Ethnie lässt sich auf den griechischen Begriff „ethnos" zurückführen und diente ursprünglich, in der Antike, zur Bezeichnung nicht-griechischer Völker und Menschengruppen (vgl. Khan- Svik 2010: S 15). In der Epoche der Aufklärung verlor die Religion, infolge der Säkularisierung, ihre gemeinschaftsstiftende Funktion und die Menschen suchten nach einer neuen Form der „Vergemeinschaftung" (vgl. Müller 2003: 45). Dazu wurde, mit dem Ziel einer gemeinsamen Grenzziehung gegenüber anderen Personengruppen, das Deutungsmuster „Ethnizität" in Europa übernommen (ebd.). Damit setzt eine gemeinsame Grenzziehung zugleich die Anwesenheit bzw. Existenz anderer Daseinsformen voraus und kann nur durch einen Bezug auf diese vollzogen werden.

Ethnizität beschreibt heute die Zugehörigkeit zu einer sozialen Gruppe, deren Angehörige/ Mitglieder Gemeinsamkeiten, wie z.b. Sprache, Verhaltensmuster, Denkweisen oder Moralvorstellungen, aufweisen (vgl. Khan- Svik 2010: 15). Die Zuordnung zu einer ethnischen Gruppe erfolgt auf zwei Ebenen: das Individuum selbst erkennt sich als dazugehörig und wird von außenstehenden Individuen oder Personengruppen der jeweiligen Ethnie zugeordnet (vgl. Khan- Svik 2010: 17). Daraus lässt sich folgern, dass durch die äußere Bestimmung einer ethnischen Zugehörigkeit eines Individuums, Merkmale wie Denkweisen oder Moralvorstellungen unterstellt werden. Dabei erfolgt die Zuordnung, die mit der Unterstellung von Wesenseigenschaften und Charakterzügen einhergeht, unbewusst in Interaktionen (vgl. Müller 2003: 120). Ethnische Zugehörigkeiten sind also das „(…) Ergebnis eines gesellschaftlichen Wechselprozesses" (Müller 2003: 121) und Ethnien können als „(…) Produkte von Interaktionen" (ebd.) verstanden werden.

2.2 Ethnizität als Gegenstand empirischer Bildungsforschung

Weil sich die empirische Erfassung ethnischer Zugehörigkeiten, aufgrund ihrer Merkmalsausprägung, als schwierig erweist wird in der Bildungsforschung der Indikator „Migrationshintergrund" zur Feststellung dieser verwendet (vgl. Hormel 2011: 223). Der Migrationshintergrund wird in Bildungsstudien, wie z.b. PISA oder IGLU, durch die Abfrage des Geburtslandes, der Staatsangehörigkeit und des Zuzugsjahres der jeweiligen Person, sowie ihrer Eltern und Großeltern ermittelt (vgl. Konsortium Bildungsberichterstattung 2006: 139). Dabei werden Zuwanderer der ersten Generation als Migranten und Nachkommen von Zuwanderern als Personen mit Migrationshintergrund bezeichnet (ebd.).

Der PISA Studie des Jahres 2006 zufolge weisen 27,2 % der Bevölkerung unter 25 Jahren einen Migrationshintergrund auf (vgl. Konsortium Bildungsberichterstattung 2006: 142). Im internationalen Vergleich weist Deutschland damit einen relativ hohen Anteil von Migranten und Personen mit Migrationshintergrund auf und gilt als „Einwanderungsland", dessen Bildungssystem sich verstärkt mit dem Themenfeld der Integration auseinandersetzen muss (vgl. Gomolla/ Radkte 2007: 105, Konsortium Bildungsberichterstattung 2006: 171-172).

Gleichzeitig kann eine Abhängigkeit des Bildungserfolgs von der ethnischen Herkunft, die hier als Migrationshintergrund erhoben wird, festgestellt werden: Migranten und Personen mit Migrationshintergrund erreichen, im Vergleich zu Einheimischen, niedrigere Bildungsabschlüsse (vgl. Konsortium Bildungsberichterstattung 2006: 146). Besonders deutlich werden die Unterschiede, wenn man die Zusammensetzung der Bevölkerungsgruppe ohne einen beruflichen Bildungsabschluss betrachtet. Insgesamt verfügen 56% der 25 bis 35 Jährigen nicht über einen beruflichen Bildungsabschluss, davon sind 41% Migranten und Personen mit Migrationshintergrund (vgl. Konsortium Bildungsberichterstattung 2006: 146). Weder bei der Gruppe der Menschen mit Migrationshintergrund, noch bei den Einheimischen bestehen signifikante geschlechtliche Differenzen (ebd.).

Bereits bei Beginn der Bildungslaufbahn lassen sich herkunftsbedingte Disparitäten feststellen, denn Kinder mit Migrationshintergrund werden im Vergleich zu einheimischen Kinder später eingeschult und häufiger zurückgestellt (vgl. Konsortium Bildungsberichterstattung 2006: 151). Betrachtet man unterschiedliche Ethnien bzw. differenziert die Gruppe der Personen mit Migrationshintergrund nach Herkunftsländern scheint es als würde deren Bildungserfolg unterschiedlich stark von ihrer ethnischen Zugehörigkeit bzw. Herkunftsland beeinflusst werden, da im Schnitt 50% der türkischstämmigen Schüler die Hauptschule besuchen, während es bei Schülern aus anderen Staaten nur etwa 33% sind (vgl. Konsortium Bildungsberichterstattung: 151). Daraus lässt sich wiederum schließen dass nicht nur die Einschulung, sondern auch die Vergabe von Übergangempfehlungen durch einen Migrationshintergrund oder die Zugehörigkeit zu einer Ethnie beeinflusst wird.

Wie lässt sich die Abhängigkeit des Bildungserfolg von ethnischer Zugehörigkeit bzw. Migrationshintergrund erklären? Wie tragen die Strukturen des Bildungssystems dazu bei?

3. (Re)Produktion sozialer Ungleichheit durch das deutsche Bildungssystem

Nach Müller und Pollak ist das deutsche Schulsystem eine „optimale Konstruktion, wenn man möglichst große Ungleichheiten produzieren will", weil mit jeder Bildungsstufe, Ungleichheiten, die zu einer Benachteiligung führen, verstärkt werden (vgl. Müller/ Pollak 2007: 315-317).

Das Ziel des Bildungssystems ist es herkunftsbedingte Ungleichheiten auszugleichen, jedoch werden Ungleichheiten, durch das Einwirken auf Bildungsübergänge, (re)produziert und verstärkt (vgl. Hillmert 2007: 81- 84, Becker/ Lauterbach 2007: 27). Bei der Erklärung der Abhängigkeit des Bildungserfolgs lassen sich zwei Theorierichtungen unterscheiden.

Die, durch die PISA Studie des Jahres 2006, dokumentiere Bildungsungleichheit ist keine direkte Folge ethnischer Zugehörigkeiten (vgl. Hormel 2011: 223). Der französische Soziologe Raymond Boudon hat eine Theorie aufgestellt, nach der Bildungsungleichheit als Resultat primärer und sekundärer Herkunftseffekte angesehen werden kann (vgl. Becker 2007: 170-171). Primäre Herkunftseffekte beziehen sich auf eine, vom sozialen Status abhängige, Weitergabe von Fähigkeiten, wie z.B. den Sprachgebrauch, der den Bildungserfolg maßgeblich beeinflusst (vgl. Becker 2007: 169- 170). Mit sekundären Herkunftseffekten wird eine, vom sozioökonomischen Status abhängige, Wahl von Bildungspfaden beschrieben (vgl. Becker 2007: 171). Dabei geht Boudon davon aus, dass sich ein niedriger sozialer und ökonomischer Status der Eltern, welchen meist Migranten und ethnische Minderheiten aufweisen, negativ auf den Bildungserfolg deren Kinder auswirkt (ebd.). In diesem Ansatz wird der Bildungserfolg vor allem durch eine soziale und ökonomischer Herkunft erklärt, weil ethnische Zugehörigkeiten dabei vernachlässigt werden soll dieses Erklärungsmodell nicht weiter verfolgt werden.

Auch die Autoren Gomolla und Radke stellen, im Bildungssystem, eine Benachteiligung von Kindern und Jugendlichen mit Migrationshintergrund fest (vgl. Hormel 2011: 224). Im Unterschied zu Boudon begreifen sie diese nicht als Folge eines niedrigen sozialen und ökonomischen Status, sondern als Resultat diskriminierender institutioneller Strukturen (ebd). In diesem Zusammenhang sprechen die Autoren von Prozessen „institutioneller Diskriminierung", die unter anderem „(...) mit Rückgriff auf ethnisierende Unterscheidungsmuster plausibilisiert und legitimiert" (Hormel 2011: 224) werden.

Dieses möchte ich im Nachfolgenden weiter ausführen und versuchen darzustellen wie die Struktur des Bildungssystems zu einer ethnische Differenzierung beiträgt und unterschiedliche Formen von Diskriminierung ermöglicht.

3.1 Die Einschulung als Ausgangspunkt für Selektions- und Verteilungsprozesse

Die Einschulung eines Kindes wird vom vorherigen Kindergartenbesuch beeinflusst, der dazu dienen soll, für die Einschulung relevante, Kompetenzen zu vermitteln (vgl. Gomolla/ Radtke 2007: 178- 179). Eine verspätete Einschulung bzw. Zurückstellung vom Schulbesuch kann eine mögliche negative Folge des Nichtbesuchs sein (vgl. Gomolla/ Radtke 2007: 178- 180). Von den negativen Folgen sind vor allem Kinder mit Migrationshintergrund betroffen, weil sie im Vergleich zu Einheimischen seltener den Kindergarten besuchen und ihnen zusätzlich, aufgrund ihrer ethnischen Zugehörigkeit bzw. ihres Migrationshintergrunds, Defizite unterstellt werden (vgl. Konsortium Bildungsberichterstattung 2006: 150, Gomolla/ Radtke 2007: 179).

Ob eine Einschulung stattfinden kann, wird in einer Einschulungsuntersuchung, die die Entwicklung des Kindes überprüft, entschieden (vgl. Gomolla/ Radtke 2007: 167). Hier wird Kindern mit Migrationshintergrund, bei nicht ausreichenden deutschen Sprachkenntnissen, das Fehlen weiterer Fähigkeiten, die als Voraussetzung für eine Einschulung gelten, unterstellt (vgl. Gomolla/ Radkte 2007: 170- 178). Dies geschieht durch Stereotypisierung und Assoziation, seitens der beurteilenden Schulärzte und führt bei Kindern mit Migrationshintergrund, im Vergleich zu einheimischen Kindern, häufiger zu einer verspäteten Einschulung (ebd.). Dies kann bereits als eine Form institutioneller Diskriminierung angesehen werden (vgl. Diefenbach 2007: 242).

3.2 Selektions- und Verteilungsprozesse des deutschen Bildungssystems

Beim Übergang in die Sekundarstufe findet eine leistungsabhängige Selektion statt (vgl. Konsortium Bildungsberichterstattung 2006: 20). Handelt es sich dabei um eine rein leistungsabhängige Selektion, die nicht von ethnischen Zugehörigkeit oder dem Migrationshintergrund eines Schülers beeinflusst wird? Kann eine Benachteiligung von Schüler mit Migrationshintergrund festgestellt werden?

Zunächst muss festgestellt werden, dass die frühe Selektion des deutschen Bildungssystems nicht dazu beitragen kann, bei der Einschulung, zwischen Einheimischen und Kinder mit Migrationshintergrund bestehende Differenzen, auszugleichen und vermuten lässt Ungleichheiten würden so reproduziert oder sogar verstärkt werden (vgl. Hamburger 2005: 16,

Auernheimer 2009: 12- 13). Aus diesem Grund empfiehlt der OECD Wirtschaftsbericht, aus dem Jahr 2008, eine spätere leistungsorientierte Aufteilung der Schüler auf verschiedene Bildungsgänge (vgl. OECD 2008: 8).

Aufgrund des Pygmalion- Effekts und des Befolgens des Exzellenz-Prinzips kann auch nicht von einer rein leistungsabhängigen Selektion ausgegangen werden. Mit dem „Prinzip der Exzellenz" wird die schulische Förderung besonders guter Schüler beschrieben, die das Erreichen bester Leistungen zum Ziel hat und zu einer Verstärkung von Leistungsdifferenzen zwischen Schülern führt, die eine bestehende Ungleichheit verstärkt und die weitere Schullaufbahn beeinflusst (vgl. Peek/ Neumann 2009: 132). Hinzu kommt der „Pygmalion- Effekt", mithilfe dessen erklärt werden kann, dass die Erwartungshaltung und damit die subjektive Einschätzung eines Schülers, die seitens des Lehrpersonals erfolgt, seine tatsächliche Leistung beeinflusst, indem eine unbewusste Förderung, z.b. in Form einer intensiveren Zuwendung, erfolgt (ebd.). So verweist das Prinzip der Exzellenz, wie auch der Pygmalion- Effekt auf eine mögliche Benachteiligung, aufgrund ethnischer Zugehörigkeit oder geographischer Herkunft. Zudem kann, durch den, im Vergleich zu anderen Schulformen, deutlich höheren Anteil von Ausländern und Migranten an Hauptschulen, ein ungleichheitsverstärkender und –reproduzierender Effet institutioneller Strukturen bestätigt werden (vgl. Konsortium Bildungsberichterstattung 2006: 162- 164).

Bei Übergangsempfehlungen für die Sekundarstufe kann eine direkte institutionelle Diskriminierung ausgeübt werden (vgl. Gomolla 2009: 94). So werden, bei identischen Leistungen von Kindern mit und ohne Migrationshintergrund, einheimischen Schülern höhere Bildungsgänge bzw. Schulformen empfohlen, während Kindern mit Migrationshintergrund, trotz guter Leistungen, unter Berufung auf sprachliche Defizite, zu niedrigeren Bildungsgängen geraten wird (vgl. Hummrich/Wiezorek 2005: 114-115, Gomolla 2009: 94). Auch einheimische Schüler können von einer solchen Abstufung betroffen sein, sofern sie niedrigen sozialen Schichten entstammen (vgl. Konsortium Bildungsberichterstattung 2008: 165). In ihrer subjektiven Empfindung erfahren Kinder mit Migrationshintergrund in der Schule weitere Diskriminierung, die zu Selbstzweifeln führt, denn vor allem wenn sie eine höhere Bildung anstreben, werden sie durch das Lehrpersonal entmutigt und nicht ausreichend gefördert (vgl. Schulze/Soja 2009: 200-203).

Auf die Vergabe von Übergangsempfehlungen üben, abgesehen von individuellen Fähigkeiten, sprachlichen Defiziten und kulturellen Unterschieden, auch Persönlichkeitseigenschaften des Kindes Einfluss aus (vgl. Dravenau/Groh-Samberg 2005:

108). Das Lehrpersonal berücksichtigt bei der Einschätzung eigene Werte und Ideale und beurteilt, vor diesem Hintergrund, die Persönlichkeitseigenschaften des Kindes. Infolge dessen erscheinen Kinder, die einen niedrigeren Status als das Lehrpersonal einnehmen, also vor allem Kinder mit Migrationshintergrund und differenter ethnischer Zugehörigkeit, als nicht geeignet und erhalten bei gleicher Leistung, schlechtere Empfehlungen (vgl. Dravenau/ Groh-Samberg 2005: 108-109). Demzufolge wirken bei der Empfehlung einer Sekundarschule viele Faktoren zusammen, die schulische Leistung ist dabei nicht ausschlaggebend. Dabei wird die Übergangsempfehlung, die der „leistungsabhängigen" Selektion dient, welche im deutschen, Bildungssystem verankert ist, immer durch einen Bezug auf das Wohl des Kindes, begründet (vgl. Gomolla/ Radtke 2007: 251).

So erscheinen Ungleichheiten und Formen von Diskriminierung als „(…) etablierte Strukturen, eingeschliffene Gewohnheiten, etablierte Wertvorstellungen und bewährte Handlungsmaximen, [die] in der Mitte der Gesellschaft institutionalisiert [sind]" (Gomolla/ Radtke 2007: 18).

Zudem übt das Bildungsangebot der Sekundarschulen, das nach Region variieren kann, Einfluss auf individuelle Bildungsverläufe aus und führt zur Herstellung von Ungleichheiten, weil sich Empfehlungen daran orientieren wie viel Schüler an den jeweiligen Sekundarschulen aufgenommen werden können/sollen (vgl. Gomolla 2009: 96, Gomolla/ Radtke 2007: 28, 118). Damit beeinflussen unter anderen auch institutionelle Kapazitäten den individuellen Bildungserfolg (vgl. Gomolla/ Radkte 2007: 240-241). Mit der Zahl der schulischen Übergangsentscheidungen, steigt das Risiko „herkunftsbedingter Kanalisierung", d.h. der gezielten Lenkung aufgrund von Herkunftsdisparitäten, im Sinne einer Manipulation (vgl. Solga 2005: 31).

Vor diesem Hintergrund muss erwähnt werden, dass Eltern durch unzureichende Schulbildung, mangelndes oder als falsch erachtetes Bildungsstreben und das Unwissen über das deutsche Bildungssystem, negativ die Vergabe von Übergangsempfehlungen für das eigene Kind beeinflussen können (vgl. Gomolla 2009: 94-95).

In Anbetracht der erörterten Bildungssituation stellt sich die Frage warum man sich nicht verstärkt um die Beseitigung von Differenzen bzw. Herstellung von Chancengleichheit bemühe. Die Ursache dafür stellt die gesellschaftliche Ordnung dar, in der Differenzen zur Zuweisung sozialer Positionen, Berufe und der damit einhergehenden Anerkennung, sowie Privilegien, dienen (vgl. Solga 2005: 26). Differenzen, Chancenungleichheit und

Bildungsungleichheit erscheinen, als gesellschaftlich notwendig und eine Veränderung von Strukturen, die zu Ungleichheiten führen, als nicht erforderlich (vgl. Solga 2005: 26). Diese gesellschaftliche Schichtung wird dabei in der Selektion bzw. Segregation des Bildungssystems, besonders beim Übergang zur Sekundarschule, deutlich (vgl. Jungbauer-Gans 2006: 180).

4. Fazit

Es wurde gezeigt, dass es sich bei der Kategorie „Ethnizität" um ein soziales Konstrukt handelt, das zu einer Benachteiligung führen kann und in Wechselwirkung mit anderen Dimensionen sozialer Ungleichheit eine besondere Qualität von Benachteiligungsmustern erzeugt. Die Zuordnung eines Individuums zu einer Ethnie erfolgt dabei, auf Grundlage zugeschriebener Merkmale, unbewusst und unbeabsichtigt in Interaktionen und kann nur in Bezug auf andere Personengruppen vollzogen werden.

Durch die PISA Studie des Jahres 2006 konnte die Abhängigkeit des Bildungserfolgs von der ethnischen Zugehörigkeit belegt werden. Dabei muss jedoch berücksichtigt werden, dass die Bildungsforschung den Indikator „Migrationshintergrund" heranzieht um ethnische Zugehörigkeiten zu erfassen.

Zudem konnte, am Beispiel des deutschen Bildungssystems, gezeigt werden wie Ethnizität als Ordnungsprinzip etabliert werden kann. Dabei wurde deutlich, dass die institutionelle Struktur des Bildungssystems Formen direkter und indirekter Diskriminierung, aufgrund einer ethnischen Zugehörigkeit oder eines Migrationshintergrunds, ermöglicht und zu einer (Re)Produktion von sozialen Ungleichheiten beiträgt. Eine Benachteiligung kann vor allem auf Ebene von Selektions- und Verteilungsprozessen festgestellt werden.

5. Literaturverzeichnis

Auernheimer, G. 2009. Einleitung. S. 7- 20 in: G. Auernheimer (Hrsg.) Schieflagen im Bildungssystem. Die Benachteiligung von Migrantenkindern. Wiesbaden: VS Verlag für Sozialwissenschaften

Becker, R. 2007. Soziale Ungleichheit von Bildungschancen und Chancengerechtigkeit. S. 157- 185 in: R. Becker/ W. Lauterbach (Hrsg.) Bildung als Privileg- Erklärungen und Befunde zu den Ursachen der Bildungsungleichheit. Wiesbaden: VS Verlag für Sozialwissenschaften.

Becker, R. / Lauterbach, W. 2007. Bildung als Privileg- Ursachen, Mechanismen, Prozesse du Wirkungen. S. 9- 42 in: R. Becker/ W. Lauterbach (Hrsg.) Bildung als Privileg- Erklärungen und Befunde zu den Ursachen der Bildungsungleichheit. Wiesbaden: VS Verlag für Sozialwissenschaften

Böttcher, W. 2005. Soziale Benachteiligung im Bildungswesen. Die Reduktion von Ungleichheiten als pädagogischer Auftrag. S. 61- 70 in: Opielka, M. (Hrsg.) Bildungsreform als Sozialreform. Zum Zusammenhang von Bildungs- und Sozialpolitik. Wiesbaden: VS Verlag für Sozialwissenschaften.

Diefenbach, H. 2007. Bildungschancen und Bildungs(miss)erfolg von ausländischen Schülern oder Schülern aus Migrantenfamilien im System schulischer Bildung. S. 217- 241 in: R. Becker/ W. Lauterbach (Hrsg.) Bildung als Privileg- Erklärungen und Befunde zu den zu den Ursachen der Bildungsungleichheit: Wiesbaden: VS Verlag für Sozialwissenschaften.

Dravenau D./ Groh- Samberg, O. 2005. Bildungsbenachteiligung als Institutionseffekt- Zur Verschränkung kultureller und institutioneller Diskriminierung. S. 103- 129 in: P. Berger/ H. Kahlert (Hrsg.) Institutionalisierte Ungleichheiten. Wie das Bildungswesen Chancen blockiert. Weinheim: Juventa Verlag.

Gomolla, M. 2009. Fördern und Fordern allein genügt nicht. Mechanismen institutioneller Diskriminierung von Migrantenkindern und –jugendlichen im deutschen Schulsystem. S. 87- 102 in: G. Auernheimer (Hrsg.) Schieflagen im Bildungssystem. Die Benachteiligung der Migrantenkinder. Wiesbaden: VS Verlag für Sozialwissenschaften.

Gomolla, M./ Radtke, F. O. 2007. Institutionelle Diskriminierung- Die Herstellung ethnischer Differenz in der Schule. Wiesbaden: VS Verlag für Sozialwissenschaften.

Hamburger, F. 2005. Der Kampf um Bildung und Erfolg. Eine einleitende Feldbeschreibung. S. 7- 24 in: F. Hamburger/ T. Badawia/ M. Hummrich (Hrsg.) Migration und Bildung. Über das Verhältnis von Anerkennung und Zumutung in der Einwanderungsgesellschaft. Wiesbaden: VS Verlag für Sozialwissenschaften.

Hillmert, S. 2007. Soziale Ungleichheit im Bildungsverlauf: Zum Verhältnis von Bildungsinstitutionen und Entscheidungen. S. 71- 98 in: R. Becker/ W. Lauterbach (Hrsg.) Bildung als Privileg- Erklärungen und Befunde zu den Ursachen der Bildungsungleichheit. Wiesbaden: VS Verlag für Sozialwissenschaften.

Hormel, U. 2011. Intersektionalität von Geschlecht und Ethnizität: Zur Konstruktion benachteiligungsrelevanter Unterscheidungen im Bildungssystem. S. 216- 227 in: Smykalla, S./ Vinz, D. (Hrsg.) Intersektionalität zwischen Gender und Diversity. Theorien, Methoden und Politiken der Chancengleichheit. Münster: Verlag Westfälisches Dampfboot.

Hradil, S. 1999. Soziale Ungleichheit in Deutschland. Wiesbaden: VS Verlag für Sozialwissenschaften.

Hummrich, M./ Wiezorek, C. 2005. Elternhaus und Schule- Pädagogische Generationsbeziehung im Konflikt. S. 105- 119 in: F. Hamburger/ T. Badawia/ M. Hummrich (Hrsg.) Migration und Bildung. Über das Verhältnis von Anerkennung und Zumutung in der Einwanderungsgesellschaft. Wiesbaden: VS Verlag für Sozialwissenschaften.

Jungbauer- Gans, M. 2006. Kulturelles Kapital und Mathematikleistungen- Eine Analyse der PISA 2003 Daten für Deutschland. S. 175- 198 in: W. Georg (Hrsg.) Soziale Ungleichheit im Bildungssystem- Eine empirisch- theoretische Bestandsaufnahme. Konstanz: UVK.

Khan- Svik, G. 2010. Ethnizität und Bildungserfolg- begriffsgeschichtlich und empirisch beleuchtet. S. 15- 32 in: Hagedorn, J./ Schurt, V./ Steber, C./ Waburg, W. (Hrsg.) Ethnizität, Geschlecht, Familie und Schule. Heterogenität als erziehungswissenschaftliche Herausforderung. Wiesbaden: VS Verlag für Sozialwissenschaften.

Konsortium Bildungsberichterstattung im Auftrag d. Kultusministerkonferenz und des Bundesministeriums für Bildung und Forschung (Hrsg.) 2006. Bildung in Deutschland. Ein indikatorengestützter Bericht mit einer Analyse zu Bildung und Migration. Bielefeld: Bertelsmann Verlag.

Müller, M. 2003. Geschlecht und Ethnie. Historischer Bedeutungswandel, interaktive Konstruktion und Interferenzen. Wiesbaden: Westdeutscher Verlag.

Müller, W./ Pollak, R. 2007. Weshalb gibt es so wenige Arbeiterkinder in Deutschlands Universitäten? S. 303- 342 in: R. Becker/ W. Lauterbach (Hrsg.) Bildung als Privileg? Erklärungen und Befunde zu den Ursachen der Bildungsungleichheit. Wiesbaden: VS Verlag für Sozialwissenschaften.

OECD 2008. OECD Wirtschaftsbericht Deutschland 2008. Paris: OECD. http://www.oecd.org/germany/40376916.pdf (zuletzt besucht am: 23.5.2016).

Peek, R./ Neumann, A. 2009. Schulische und unterrichtliche Prozessvariablen in internationalen Schulleistungsstudien. S. 125- 143 in: G. Auernheimer (Hrsg.) Schieflagen im Bildungssystem. Die Benachteiligung der Migrantenkinder. Wiesbaden: VS Verlag für Sozialwissenschaften.

Schulze, E./ Soja, E. M. 2009. Verschlungene Bildungspfade. Über Bildungskarrieren von Jugendlichen mit Migrationshintergrund. S. 193- 205 in: G. Auernheimer (Hrsg.) Schieflagen im Bildungssystem. Die Benachteiligung der Migrantenkinder. Wiesbaden: VS Verlag für Sozialwissenschaften.

Solga, H. 2005. Meritokratie- die moderne Legitimation ungleicher Bildungschancen. S. 19- 37 in: Berger, P./ Kahlert, H. (Hrsg.) Institutionalisierte Ungleichheiten. Wie das Bildungswesen Chancen blockiert. Weinheim: Juventa Verlag.

Winkler, G./ Degele, N. 2009. Intersektionalität. Zur Analyse sozialer Ungleichheiten. Bielefeld: Transcript Verlag.

BEI GRIN MACHT SICH IHR WISSEN BEZAHLT

- Wir veröffentlichen Ihre Hausarbeit, Bachelor- und Masterarbeit

- Ihr eigenes eBook und Buch - weltweit in allen wichtigen Shops

- Verdienen Sie an jedem Verkauf

Jetzt bei www.GRIN.com hochladen und kostenlos publizieren